Muñecas

Antología Internacional Contra el Abuso Infantil

7mo. Festival Internacional de Poesía y Arte Grito de Mujer
2017
"Un grito de libertad por todas las niñas del mundo"

Muñecas

Antología internacional contra el abuso infantil

Editorial Rosado Fucsia
República Dominicana. 2017

Muñecas: Antología internacional contra el abuso infantil
2017

Copyright © 2017 EDITORIAL ROSADO FUCSIA
COLECCION GRITO DE MUJER©
#2
DISEÑO DE PORTADA: Jael Uribe
PORTADA E ILUSTRACIONES: Leticia Banegas
DISEÑO Y ARTE FINAL: Editorial Rosado Fucsia

ISBN: 978-9945-9075-2-0
http://editorialrosadofucsia.blogspot.com
Email: rosadofucsia@gmail.com

A
Asha Ismail

Por quitarnos las vendas
y mostrarnos la realidad de las niñas
del otro lado del mundo...

Aunque no nos muriéramos al morirnos,
le va bien a ese trance la palabra: Muerte.
Muerte es que no nos miren los que amamos,
muerte es quedarse solo, mudo y quieto
y no poder gritar que sigues vivo.

Gloria Fuertes

Participantes en orden alfabético

1. Afia Amoaa Oppong-Kwakye
2. Alicia Corrado Mélin
3. Andrea Jaque
4. Carmina Masoliver
5. Carolina Bugnone
6. Chary Gumeta
7. Consuelo Galiano Santiago
8. Cristina Boyacá
9. Denisse Español
10. Edgar Smith
11. Elda Pérez Guzmán
12. Francisco Onieva
13. Gabriela Arciniegas
14. Gabriela Olmos
15. Gito Minore
16. Graciela Barbero
17. Gustavo Bracamonte Cerón
18. Irel Faustina Bermejo
19. Isabel Blanco Ollero
20. Isabel Caballer Correa
21. Itzel Yarger Zagal
22. Jael Uribe
23. Joel Julio García
24. Joel Rivera
25. José Ernesto Delgado Hernández
26. José-Félix Sánchez-Satrústegui
27. Juan Hernández Inirio
28. Juani Lombardo González
29. Judith Alayón
30. Laura Elena Carnovale
31. Laura Llera Arnanz
32. Laura Olalla Olwid
33. Leonor Merino García

34. Lourdes Cacho Escudero
35. Luis Carvajal
36. Luz Cassino
37. Lynette Mabel Pérez Villanueva
38. Lyz Saenz
39. Manuel Molina
40. María José Marrodán
41. María Luisa Romero
42. María Pizarro
43. Marisol Huerta Niembro
44. Marlex Indhira Rodriguez Soto
45. Marta Elvira Vega
46. Mikenia Vargas García
47. Monica Elisei
48. MzPoetry_Gh (ThatEweGirl)
49. Natasha Sardzoska
50. Olga Liliana Reinoso
51. Pedro Javier Martín Pedrós
52. Pedro Pablo García
53. Pilar del Pozo Manchado
54. Pilar García Orgaz
55. Ramón Matos
56. Raquel Salas
57. Rocío Ordóñez Rivera
58. Santiago García Castañón
59. Silvia Diana Brengio
60. Silvia López Gándara
61. Sulma Jiménez
62. Victoria Herreros Schenke
63. Walberto Vázquez
64. Yolanda López López
65. Yolanda Martínez Aranda
66. Zulma Quiñones Senati

Poetas participantes en orden de aparición

Unas palabras-Jael Uribe   15

1. Edgar Smith   17
2. Marisol Huerta Niembro   19
3. Pilar García Orgaz   21
4. Pilar del Pozo Manchado   22
5. María Luisa Romero   23
6. Zulma Quiñones Senati   24
7. José Ernesto Delgado Hernández   25
8. Yolanda López López   27
9. Walberto Vázquez   28
10. Lynette Mabel Pérez Villanueva   29
11. Isabel Caballer Correa   30
12. José-Félix Sánchez-Satrústegui   31
13. Natasha Sardzoska   33
14. Gustavo Bracamonte Cerón   35
15. Denisse Español   36
16. Gabriela Arciniegas   38
17. Juan Hernández Inirio   39
18. Luis Carvajal   40
19. Marlex Indhira Rodriguez Soto   42
20. Mikenia Vargas García   43
21. Santiago García Castañón   44
22. Silvia López Gándara   45
23. Victoria Herreros Schenke   46
24. Joel Julio García   48
25. Joel Rivera   49
26. Judith Alayón   50
27. Ramón Matos   51
28. Raquel Salas   52
29. Graciela Barbero   53
30. Carolina Bugnone   54

31. Alicia Corrado Mélin 56
32. Laura Olalla Olwid 57
33. Leonor Merino García 58
34. Luz Cassino 59
35. Marta Elvira Vega 60
36. MzPoetry_Gh (ThatEweGirl) 61
37. Afia Amoaa Oppong-Kwakye 63
38. Elda Pérez Guzmán 65
39. Sulma Jiménez 66
40. Lyz Saenz 68
41. Chary Gumeta 69
42. Silvia Diana Brengio 70
43. Lourdes Cacho Escudero 71
44. María José Marrodán 72
45. Isabel Blanco Ollero 74
46. Cristina Boyacá 76
47. Monica Elisei 77
48. Laura Llera Arnanz 78
49. María Pizarro 79
50. Francisco Onieva 80
51. Manuel Molina 81
52. Carmina Masoliver 84
53. Yolanda Martínez Aranda 85
54. Pedro Javier Martín Pedrós 86
55. Irel Faustina Bermejo 87
56. Consuelo Galiano Santiago 91
57. Juani Lombardo González 93
58. Pedro Pablo García 94
59. Gito Minore 96
60. Laura Elena Carnovale 98
61. Olga Liliana Reinoso 99
62. Gabriela Olmos 100
63. Itzel Yarger Zagal 102
64. Andrea Jaque 104
65. Rocío Ordóñez Rivera 106
Grito de Mujer 2017: Un Grito por las Niñas 107
Sobre Grito de Mujer 108
Leticia Banegas 109

Unas palabras

Millones de niñas en el mundo viven en la desesperanza. Mientras los derechos constitucionales de la niñez afirman la importancia de preservar su inocencia y necesidades básicas, la realidad confirma otra cosa diferente. Mientras miles campañas en pro de la niñez han demostrado ser precarias, y en su mayoría ineficientes, llega el momento en el que una trasformación desde la sociedad misma se hace necesaria. El cambio está dormido en todos nosotros, llega el momento de despertarlo.

Ser una niña para muchos infames vale lo mismo que ser ser nadie. Todas estamos viviendo en medio de un campo de guerra en donde el azar decide si las minas explotan o no bajo nuestros pasos. Si caemos como moscas, a nadie le importa, y si no caemos marchamos al frente intentando que las balas no nos muerdan y es injusto. La injusticia social a la que hemos sido sometidas a través de los años nos ha condenado de antemano de todas formas.

Millones de niñas cruzan a diario las fronteras de manos de sus madres, la mayoría muere en el camino sin siquiera darse cuenta. Otras que rondan en su ceguera por los rumbos de Dios ya están muertas, sin saberlo, sus vidas están marcadas por la desgracia y la miseria. Muchas a diario son objeto de la trata, de crímenes de honor, de guerras, de los abusos de sus propios parientes, de violaciones, mutilaciones, de bullying y de hambre.

No existe peor tragedia que una niña triste. Miles de ellas son engañadas a diario por inescrupulosos que les venden sueños, a cambio de una noche de tormenta en cuyas mareas se pierde su inocencia para siempre.

Niñas preñadas de sueños engendran hijos e hijas rotas que llegan al mundo con la misma incertidumbre y se convierten en entes violentos partidos desde adentro.

Yo prefiero pensar que aún nos queda la esperanza, ver el otro lado del mundo que no está podrido desde las cimientes. Creer que somos un faro de luz para todas las niñas que vagan perdidas sin un Norte en las oscuras aguas, donde un grito de libertad se hace necesario para limpiarnos por dentro.

Nuestras niñas nos necesitan fuertes, nos necesitan ¡aunque no sean nuestras niñas! Todos somos responsables de velar porque sus derechos no sean un papel manchado con su inocencia o peor aún, con su sangre.

Los padres, muy en especial las mujeres cabezas del hogar, tenemos el deber y la misión social de reinventarnos, de hacernos útiles ante esta nueva ola de violencia exacerbada contra la niñez del mundo. Educarnos y educar a nuestros hijos basados en nuevos valores para contribuir a un entorno libre de abusos y sin violencia, es urgente. Debemos reconstruir la autoestima y el respeto por el ser humano, para honrarnos a nosotros mismos. Debemos pensar que no estamos solos/as en esto, pese a que nuestros gobiernos ya tienen suficiente con la corrupción, la política, las divisiones y las guerras.

Mejorar nuestro mundo es tarea posible, se puede y unidos podemos lograrlo. Empecemos por una niña o un niño interno a la vez, empecemos por nosotros mismos.

Jael Uribe
Presidenta Mujeres Poetas Internacional MPI Inc.
www.gritodemujer.com
www.gritodemujer.org

Muñecas sin cabeza
(Poema dramatizado a tres voces*)

Un día,
salí corriendo de mí misma
y no he vuelto a encontrarme.

La niña dulce que se esconde en mi memoria
juega a la inocencia
con sus muñecas quebradas.

La mala mujer que he sido la secunda.
Ella juega a otro juego diferente
sin muñecas, sin memoria.
(Entona su nana solitaria...)

Ambas duermen el sueño de la noche
un fuego les brota
desde adentro,
negro como sus sueños
como la semilla que crece lentamente en sus entrañas
aguardando el olvido, o... ¿la muerte?

Ninguna de nosotras se acuerda de su nombre:
-Nos llamaron ¡SUCIAS!
-Nos llamaron ¡MALAS!
-Nos llamaron ¡PE...RAS!
-Nos llamaron ¡PUT...!

Huyo de mí porque me tocan
porque los niños jugaron conmigo a ser grandes

dejando fracturas en mis ojos
y silencio entre mis labios.

...huyo también de la noche
de los hombres con aullidos de bestia
que bordaron en mi rostro hilos de sangre
y muerte.

Mi niña dibuja una mueca ambivalente.
Las agujas de mi cuerpo tiemblan.
Se derrama la vida por los agujeros rotos
pero nadie escucha este grito imperfecto
viajando mar adentro
en mis entrañas.

Cuídate ¡de todos...!:

-...de los niños malos que serán hombres...

-...de los hombres malos que fueron niños...

-...de los niños y los hombres que por no saber jugar decente
le rompen la cabeza a las muñecas.

*(*Puede encontrar la dramatización de este poema visitando el canal Youtube de Jael Uribe).*

Edgar Smith

Verano precoz

Niña triste
que amas a destiempo.
Niña escasa de días
prometidos de sonrisas
de flores, de paseos, de helados.
Regálame un minuto
de esa pobreza
y vente conmigo a jugar con la tarde,
a nombrar calles antiguas
a asentir en el viento,
cuando, tierna, nos toque la esperanza.
Ven, niña con vestido de girasoles,
contemplemos el quehacer
de los insectos,
asombrémonos de la arquitectura
de las arañas,
de la amistad implícita de la hierba,
de la alegría que aguarda
en el giro del carrusel.
No te demores contando suspiros,
no eches a rodar tu cuerpo,
es temprano para prescindir
de la inocencia.
Niña de primavera,
mejor imitemos al gorrión,
bailemos la música de los árboles,
recitemos versos improvisados,

inventemos figuras en la
frescura de las sombras,
prefiguremos días mejores...
ven, que quizás estas pueriles cosas
logren retrasar en tu piel el verano.

Blues de kabula

Aquí vive Kabula la niña
de mirada más triste,
aquí está el blues que escribo para ella.

Kabula juega dentro de su choza Kabula no va a la escuela.

Ha nacido una niña de pelo blanco
ha nacido en un pueblo al sur del África.
No sabe que las gomas sirven para borrar
no sabe cómo huelen las letras mal escritas.

Kabula juega dentro de su choza Kabula no va a la escuela.

Ha nacido un fantasma y su madre la esconde
dentro sí muy dentro de su vestido.
Kabula juega dentro de su choza Kabula no va a la escuela.

Su piel es blanca
como la mía   como la tuya
aquí y allí   negros o blancos
allí o aquí   Europa o África
vivir o no el terror   aquí o allí

tu historia y este horror
niña querida   niña Kabula

Kabula juega dentro de su choza Kabula no va a la escuela.

La mamá de Kabula la guarda muy adentro.
Le han cortado su brazo

un machete y tres hombres
tres hombres que le prenden
queroseno en la herida.
Y se la llevan.
Su brazo espanta diablos para ricos.

Una Huella Imborrable

Mis gritos se vacían en las manos
que me tapan la boca
y me impregnan las trenzas,
de un olor a metralla que sacude mi vestido,
que sacude mis trenzas,
que sacude mi boca.
Tirada sobre los cascotes mudos
de un refugio infantil prefabricado,
se empachan con el sueño de la leche de mis núbiles senos,
mordiendo mis pezones.
Mis piernas se han quedado entumecidas.
Entumecida, mi boca, mis trenzas, mi vestido.
Entumecida y abierta en canal por estos hombres
que usurpan mi derecho a seguir virgen,
quitándome el aliento con su lengua,
lanzándome sus bombas en el vientre,
sus bombas en las trenzas,
sus bombas en la boca.
Dejándome su huella inseminada
de morbo y cobardía...
Tan lejos de su hogar,
tan lejos de su hogar,
tan lejos de su hogar...
Tan cerca de mi casa.

Asha

Cuanto sé de ti,
Asha Ibrahim Duhulow,
es que hay lugares en la Tierra
en los que la arena del profeta
se vuelve roca que no avanza.
A veces apenas queda
la insistencia de los nombres
y cuanto sé de ti ,
Asha Ibrahim Duhulow,
ya no puede ser más
que tu última edad: 14,
y el relato bajo las piedras
que tomaron para romperte los hombres.
Te rompió el padre,
te rompió el esposo,
y te rompieron también
aquellos que ya te habían roto:
la piel, la carne, los huesos,
la vulva, la boca, los ojos.
Quisieron todos ellos,
romperte a trozos
hasta borrarte,
Asha Ibrahim Duhulow,
hasta convertirte en apenas nombre
que es cuanto sé de ti.

El grito silencioso

Mi madre tenía quince años cuando yo nací, al poco tiempo de terminar la guerra que asoló mi país y cubrió los campos de miseria. Ella me crió con amor, aunque años más tarde supe que fui fruto del desamor de los "los hombres de la guerra".

Después de algunas primaveras, los campos florecieron; mi madre, que amaba el cielo y la tierra, me enseñó a recolectar plantas y a volar cometas. Cada mañana salíamos al campo y entre colores y olores llenábamos las cestas, formando ramilletes con el nombre y el poder curativo de cada planta.

Una noche, ladraron los perros, los volcanes vomitaron sangre y una lluvia espesa y ácida cayó del cielo... "Los hombres de la ira" volvían montados en sus caballos de hierro. Mi madre me dijo que corriera hacia el monte sin mirar atrás y avisara a otras niñas del peligro, lanzando al viento mi cometa blanca.

Mi grito silencioso llegó a muchas aldeas y al amanecer, un manto blanco cubría las alturas porque las hijas de otras mujeres que, como mi madre, amaban el cielo y la tierra, también subieron a los montes y dejaron volar sus cometas blancas.

Juguemos a las escondidas

En la oscuridad los dedos ven.
Recorren con premura la piel.
Se posan y se elevan, se elevan
para volverse a posar.
Con hambre hurgan, encuentran lugares,
oasis ocultos bajo las frazadas.
Calman su sed. Se calientan como cerillos.
Obedecen a la carne y sus delirios.
Juegan un juego novedoso, insospechado.
Despiertan la flor que dormita.
Hay un potro que recorre sin frenos los prados.
Una mariposa cuyo rumbo se ha extraviado.
Parece que lleva el vuelo truncado.
Sus alas caen sobre el río de lava que se ha incendiado.
Mañana jugaremos más – Dice papá cansado –.
Cuando se duerma mamita, volveremos a encontrarnos.
Se quiebra la niña que me habita.
¿Cuántas más se romperán antes de que amanezca?
Un grito se le atasca en la garganta.
Resuena el grito en la alcoba.
Resuena el grito en las ventanas.
Resuena el grito en el viento.
Resuena el grito en la distancia.
Resuena el grito en la esperanza.
¡Resuena, resuena, resuena!

José Ernesto Delgado Hernández

Me duele esta ciudad sombría

Me duele esta ciudad sombría
el silencio de cuerpos derrumbados
familias tristes
pálida inercia de ojos grises
por la sangre derramada...
Aquí hay un niño que llora su suerte
y los quejidos ya son ecos que se oyen a lo lejos
a lo lejos... en un zafacón.
Allí durmió esperando...
Me dueles, inocencia robada
por juegos que se pierden
en perversidad.
La ciudad
gigantesca masa de piedra
que se hunde en las venas
que se traga la vida
que se nos quiebra en las manos.
La muerte es fiesta de sicarios,
dedos sin freno en gatillo,
balas que rompen aire
sin conocer dirección.
Aquí vivo, en estas calles podridas
atestadas de cadáveres anónimos
niños huérfanos
madres atribuladas
y mujeres que...

(tras la caricia de un puño)
...agonizan.
Aquí vivo... Adriana, hija mía...
queriendo defenderte.

Yolanda López López

Mi niña...

Me inclino ante ti de rodillas...
¡Pídeme! ¡Exígeme!
con el llanto de infante desde tus ojos sesgados,
que te libre de la muerte por ser niña.

¡Pídeme! ¡Exígeme!
con esa faz morena que luce un pequeño sol sobre tu frente,
que te libre del sacrificio por nacer muy tarde.

¡Pídeme! ¡Exígeme!
desde las arenas del desierto hasta las puntas
de Machu Pichu,
que detenga la mano de aquel que te casa cuando eres apenas una niña.
No guardes silencio,
separa de tus ojos las trenzas apretadas
mírame desde el brillo de tu piel negra y
¡Pídeme! ¡Exígeme!
que no se levante navaja para rasgar tu flor de fruición.
.
Niña de todas las razas,
¡Pídeme! ¡Exígeme!,
que te bautice de letras, de fuerza y de carácter
para que puedas detener cualquier afrenta y entonces,
libre, camines hacia todas tus metas.

Walberto Vázquez

Mientras ella dejaba desabrigados sus zapatos

Sin ritmo y sin viento
comencé a ver los relojes sin agujas
el agua del mar la sentía sin sal
la arena sin huellas de gaviota
el invierno se desplomó en agosto
y en enero salió la primavera.

No sé
si puedas oírme al otro lado
qué forma tendrás
lo que sí sé
es que te llevaste las manos
dónde se paraban las mariposas
las que limpiaban tu cara curtida de miedo

Mientras ella dejaba desabrigados sus zapatos
recordaba cuando jugábamos a esconder
y era preferible aguantar la inocencia
para no delatar el lugar y una bala nos atravesara
dejando el lugar desprovisto de risas.

Pero todo baila y todo vuela
porque te acompañan flores sin tierra
y te sostienen en mis
letras en estas alas de papel
que vuelan en alguna parte rota
cargadas por el viento y sus misterios.

Lynette Mabel Pérez Villanueva

Muñeca de cuerda

Mis ojitos se cierran cuando él lo ordena,
soy una de esas muñequitas de resorte,
de esas que son lanzadas al menor contacto,
salgo de mi caja de un solo golpe,
un golpe fuerte, de esos que hacen daño,
sonrío como esas payasitas traviesas,
a veces el mecanismo se descompone,
cuando eso pasa hay secuelas terribles,
el juguetero hurga muy dentro de mí,
allá dentro de mis interioridades,
quiere arreglar los desperfectos, los fallos,
es perfeccionista el juguetero, lo es mucho,
y como las muñequitas solo hablan el idioma
de la porcelana no hay comunicación alguna,
una herramienta penetra en lo más íntimo,
no hay piedad alguna para la frágil porcelana,
parecería que se quiebra con cada golpecito,
pero qué tonta, el juguetero solo busca arreglarla.

Niñas

En el bosque no hay duendes.
Sólo niñas humanas
que corren con los lobos
que más bien parecen perros.
Tienen miedo, mucho miedo
que más bien parece horror
de tener que abandonar la vida verde
por la mordida gris de una ciudad.
Dejar atrás la realidad de pies de fango
para tener sueños-pesadillas
calzados en zapatillas de cristal.
Tener que guardar
los gritos de sus gargantas en un cofre
que los convierta en susurros
o en el espanto de un silencio
de quien no tiene voz para opinar.

Las niñas del bosque no tienen alas
porque saben trepar monte.
Las alas son para las hadas que no existen
o para las aves de colores que sí están.
Las niñas son de tierra,
son de fuego
y son de agua
y como único aire defienden su libertad.

José-Félix Sánchez-Satrústegui

La sonrisa de la muñeca

Una muñeca de expresión sonámbula y atuendo rosa apático, arrinconada en el desaire de un destino prematuro y glacial, observa a la niña, con la que jugueteaba en una nube polícroma hace apenas un instante, alejarse a deshora hacia el lugar donde la inhumana tradición de los humanos convierte las ilusiones en pesadillas.

La sonrisa de ambas queda suspendida en el vacío a la espera de que el denso viento de la rutina role y la devuelva a su tiempo arrebatado.

La abandonan en un desierto insensible, donde los adultos, en manada, agüeran vilezas y arrían esperanzas. La flagelan con sus eventos trascendentes y se acostumbra a sufrir, mientras se abaten con furia sobre ella todas las tempestades que arrugan la piel, arrodillan la mirada y enmohecen el alma. Se pregunta entre sollozos, sin comprender, por qué son importantes las cosas importantes de los adultos.

En el obligado exilio al anacronismo, donde se cruza con muchas otras víctimas, sueña con volver a soñar. Se le aparece una imagen borrosa, que cree reconocer, a la que los susurros que la rodean llaman Libertad, como ella, a la vez paradoja y deseo. En el espejismo, la reclama con gesto dulce. Ven, le sugiere, estirando el brazo.

Las cadenas se van desmoronando al ritmo de la música de los poetas, que acuden desde todos los rincones de la literatura; otros artistas, cargados de acuarelas, óleos y esculturas, llegan desde el nacedero de los colores para quebrar el silencio gris. Alguien canta, y su voz alienta una danza que pisotea la tierra donde se hallaban enterradas las palabras, que así renacen.

La muñeca, su muñeca, con mirada extática, le dedica una sonrisa cómplice que derrota aquel lugar dominado por los gritos de dolor, los silencios cobardes y las rimas disonantes. Le advierte a su niña al oído: "Libertad, este cuento queda abierto hasta que encontremos un final feliz". La niña asiente y ambas ríen. A la noche inacabable, acomodada en la inercia, la recorre esa sonrisa contagiosa que insiste en derogar la crueldad de la costumbre y trae olor a amaneceres.

Muñeca en cuerdas

Caminando por el asfalto
mientras que los conejos silvestres están gritando en agua hirviendo
sacrificadas conspiraciones
Palabras no reveladas
En cada paso que tomo inhalo sangre para vivir
Estoy acostada en el chorro de las flores desconcertadas que fluyen en
mi cabello
Tu y yo
Incalculables pasos de la carne
Una ciudad como cualquier otra ciudad que caminamos
Y no sabíamos
Y no nos conocíamos
Cuando todas esas energías estaban fermentando pero vivas en el agua
vertiginosa
de las lenguas de las cometas muertas para decirnos que te diga
estoy aquí
Te sigo desde cada puerta del aeropuerto
Sé cuando escucho tu nombre
Es una música con ritmo desconocido
y tiemblo de tu mirada
y perdí mi voz cuando viniste a mi
y mi piel se estaba volviendo más oscura después de cada paso descon-
certado de la tuya
Mis pezones cada vez mayores mis labios ardientes en el invierno:

Sabía que éramos una misma ciudad
Una misma sombra
Una misma lluvia

Y la noche anterior a que te conocí estaba llorando como una niña
En mí podía oír gritando a todos los animales sacrificados
Y yo estaba creciendo descaradamente muda
Piernas abiertas de par en par
Una capa de trigo fértil en sus susurros abrumadora
Humildemente perversa te levantas por encima de las burlas erradica-
das de la pasión púrpura.

Gustavo Bracamonte Cerón

Cuarenta y una muertes infames

Niñas de cenizas,
cuerpos de cenizas,
huesos de carbón,
ojos de carbón,
gritos con fuego en el aliento,
gargantas con humo triste, sin sosiego
sin saliva la boca para apagar la ira
pulmones ahogados
con miseria humana,
absolutamente ahogados
de indiferencia.
Dónde está el viento apagando
los brazos encendidos,
dónde el aire entrando
en las venas para dar vida a la vida,
dónde está la autoridad
de rencores e improperios,
dónde estábamos
mientras morían
las que siempre han muerto
sin la preocupación
de los de arriba,
de los de abajo,
de los de en medio,
de nadie. Ahora lloramos la desgracia
de haber olvidado en el armario de la locura
lo más importante: la niñez, las adolescentes.
Pero Caín, no llora.

Tiritas rojas

Las hojas de los árboles rechinan cuando me arranco la piel.
Me deshago del estiércol,
levito sobre el charco de la habitación
profundamente desnuda (hasta los músculos),
desvestida del propio aliento.

Los pájaros llueven cuando descuajo mis cabellos
o cuando me desangro por las pestañas,
los veo volar humedeciendo.
Ellos saben que prefiero ahogarme,
adivinan cuándo se desmorona la vida
y por eso llegan,
para que se inunden las noches.

No vienen a jugar ¿entiendes?
las alas posibles escasean en el mercado de la esperanza,
visitan para ayudarme a morir una muerte perfecta.

Se desbandan si les hablo
solo el silencio vale.
¿Conoces algo más pesado que el silencio?
¿Sabes de un lugar más oscuro que mi pozo?

Las muñecas sin cabeza se burlan
si creen que lloro,
por eso me asilo en sus huecos
penetro sus cuerpos abandonados tratando de vestir otro nombre,
para que sepan que no lloro nunca.
Juntas vemos caer las estrellas,
recibimos sus golpes.

Las chispas incendian en el campo ancho de la penumbra.
Somos cuerpos de trapo amarrados al suelo,
a lo más bajo de la casa en sus estratos absurdos.
Las manos se estancan en los rincones,
nacen lazos que ahorcan como raíces.

Visito las ventanas, traspaso sus barrotes,
mi cara auspicia el frío que cae por los tubos de la sombra
recupero poco a poco mis plumas
como un ángel recién nacido.

Una sonrisa ajena se sienta en mi boca.

La brisa abona mis poros,
los brotes sacuden un escalofrió mutante
los pies se agrietan en el filo.

Veo a los pájaros pasar de nuevo
ellos aman las sonrisas prestadas,
mandan instrucciones en un vocabulario de viento.
Hoy no quieren quedarse,
tampoco desean que me quede
por eso lanzan sus piedras,
porque solo eso faltaba
para poder llover de rojo la casa.

Gabriela Arciniegas

Muñeca de cerillas

La muerte
astilló tu cuerpo
y dejó tu caja
vacía

¿Dónde
muñeca
quedó tu cuerpo
de palillos?
¿Dónde
tu vestido?
¿Dónde
tus delicados
brazos
de cerillas?
¿Y de tu carita
qué fue
apuñalados tus ojos
entre fauces oscuras?

Juan Hernández Inirio

Niñas de marzo

Invoco, por las niñas del mundo,
Un salmo de claridad desde las entrañas
Del océano neblinoso.
Cada niña sin sonrisa es un cielo tachado.
Esparzo un puñado de sílabas indignadas,
Ofrendo la herencia de mi voz
Contra el acoso y el funeral,
Contra la violencia y el hambre,
Contra los jinetes del Apocalipsis
Que hollan la inocencia.
La niñez es luna untada de porvenir
En lo alto de la transparencia.
A mariposas de marzo levantando el vuelo de los años, les canto.
Su grito raya la bandera de mi poema.
Su mal dialoga con el trueno y nos alcanza.
Por las niñas del mundo, en su belleza sufrida, me declaro en llamas.

Luis Carvajal

Muñeca Prisionera

Una muñeca
prisionera en su vestido,
desvelada,
no llora ni espera.

Desenhebra las agujas
y descose y deshilacha.
Trepa y trata de escapar
por la piel que se desangra.

Dibuja su casa y su destino
y el sol y el crisol
y el jardín y la ventana
y a un perro manso y torpe
que lame sin hambre un hueso
desnudo de piel
de pasado y de memoria.

La muñeca pone orden en la casa dibujada:
Hay que ensuciarse los pies para andar en los pasillos.
Hacer el mar, el amor y el café por los rincones.
Cocer a fuego lento las palabras.
Dejar regados, sin orden ni buen juicio los poemas.
Jamás, jamás, jamás dormir mientras se sueña.

La muñeca no juega con muñecas.
Ella vive
y vivir es un juego descarnado:

tornados y luceros en vértigo infinito e incesante;
desfile de razones, de asombros, de aguaceros.

La luz, tragada por sus ojos de vidrio
alumbra cuerpo adentro:
profundo e intrincado laberinto,
extraña borrachera de rubores y tripas
sin corazón ni sesos.
Eco de los ecos de las voces de lejos,
muy lejos de la risa, del dolor y del miedo
sepultan los recuerdos, los adioses, los abrazos,
los porqué y el silencio.

Quizás la muñeca pretende desnudarse.
Arrancarse los ojos.
Abrir su vientre a dentelladas.
Cortar sus pechos con las uñas.
Llorar, llorar, llorar
hasta vaciar sus orbitas,
borrar toda silueta de su boca,
vértigar para siempre en el vacío,
deshojarse cual rosa atardecida
o como simple muñeca abandonada.

Una muñeca
prisionera en su vestido
ya no quiere dormir
tan sólo sueña
en dibujar su casa
y su destino.

Marlex Indhira Rodriguez Soto

Pestañas adentro

Pestañas adentro está el mundo y su sequito de ilusos babeando el cielo, destilando en sus entrañas lo que murió en tus pupilas.

Pestañas adentro hay un silencio que sabe a lluvias, a la moneda que lanza tu pulgar con tantas dudas, a sueños que disparan caracoles y se untan pegamento para que no los rompa y la brisa la envuelve mientras sube y se abrazan y ahora me sabe a lodo y a suerte y a presencia y estado y dolor con ilusiones.

Pestañas adentro se esconde un arcoíris que grita y agoniza y se hunde con la tarde con colores que son solo otra parodia al llanto, arcoíris adentro se esconde un laberinto que se pierde en sí mismo y se desliza en la botella, laberinto adentro se esconde un ángel que no sabe llorar, que mira con nostalgia el mundo, un niño en el semáforo que pide una estrella a un dios cualquiera, el ángel mira y se asusta, el dios no ha dicho nada, el niño habla y se espanta pide cara y pierde.

Mikenia Vargas García

Hija del fango

(Poema en homenaje a las niñas que trabajan, no estudian y se embarazan a temprana edad para repetir la historia).

El madero abriga un hogar,
rendijas y soles aprietan el pensamiento.
Una luz callada hace de una mirada ilusión,
sagrado anhelo de alfabetizarse.

Tierra,
fango de historias perdidas,
manos de barro con la rota esperanza de crecer.

Cambia la Luna y es verde la cosecha del espanto:
Arroz, cacao, café caído.
Profesión del fango
y un mundo privado que no puede leer.

Olor a tierra fría de invierno;
y en el calor del cuerpo se distrae...
Historia que palpita en el dolor del vientre.
Otra vida comienza a repetir su pesar.

Santiago García Castañón

Un continente en unos ojos

Te mira con esos ojos negros,
enormes ventanales desde donde descubre
que el mundo no está hecho a su medida.
Te mira con un rostro inocente
y hasta parece ser feliz
mientras alguien con un iPhone le pide una sonrisa.
Aún no ha descubierto casi nada,
no sabe qué peligros aguardan
en la próxima curva de la vida.
Tal vez ahora, mientras contemplas la foto,
ya no esté sonriente,
tal vez ya haya dejado de ser aquella niña.
Hasta es posible que algo --o alguien--
haya apagado el brillo
de esos ojos inmensos con los que te mira.
Por eso quiero ahora perpetuar el momento,
congelar este instante
en que un iPhone capturó la inocencia
antes de que las lágrimas rueden por sus mejillas,
antes de que el silencio logre apagar su voz,
antes de que el camino se vuelva tortuoso
y se encuentre de golpe
con las curvas inciertas de la vida.

Silvia López Gándara

Travesía

El alma se interna en oscuros laberintos
y se eleva sobre la superficie cotidiana
de la alegría sencilla,
                    del juego infantil.

Recoge su cuerpo del valle desolado
                de la orfandad y el desamor
 de la ausencia de placer.

        Con experimentada sonrisa
repasa sus juegos; sus verdades, sus mentiras,
desvía su mirada ante la crueldad del silencio
                esconde lágrimas y sueños
                        reinventa su aliento
            con aire, fuego y cenizas
        moldea con arcilla el azar, el sosiego...

Victoria Herreros Schenke

Rawan

Entre 2011 y 2020, más de 140 millones de niñas se convertirán en niñas-novias, según el Fondo de Población de Naciones Unidas (UNFPA). La Organización Mundial de la Salud (OMS), calcula que cada día se casan 39.000 niñas menores de 18 años.

(Poema escrito para convocatoria internacional "un grito de mujer", y como acto de justicia, en memoria de Rawan)

Rawan tiene ocho años,
aún no derrama los hijos no concebidos,
es pequeña, es hermosa, es inocente,
sobre todo inocente,
y para cuando termine el día,
tendrá noventa y querrá morir.
La noche se cierne lentamente sobre ella,
como si el cielo fuera un gran tamiz,
por donde se cuelan las maldiciones,
los castigos, las condenas,
y no hay escapatoria, alguna,
de nada sirve gritar,
si no hay nadie quien quiera oír.
Su marido tiene cuarenta,
es inmenso, ambicioso y despiadado,
sobre todo despiadado,
la ha intercambiado por ganado,
como se intercambian todos los bienes de consumo,
y ya ha trazado líneas invisibles
como las constelaciones que quiere tocar
en el firmamento eterno
que es ese cuerpecito redondeado aún
por las curvas de la niñez,

y para cuando acabe la noche,
despertará a su lado una mujer sangrando la infancia,
herida, desnuda y niña,
que querrá morir,
si es que sobrevive.

Joel Julio García

Alepinos

No hay tapones que sirvan para sus oídos,
aún escuchan una canción de balaceras.
Se les ha roto la paz debajo del sol.
A cada instante ven la muerte viajando
en proyectiles.
Lloran la sangre que se bebe la tierra.
Cuentan los orificios en las espaldas
vencidas de sus hermanos.
Cada día abren los brazos
cuando las bombas estallan,
y sus almas tiemblan como los edificios
en que nacieron.
Arrojan plegarias al firmamento,
gritan y se estrujan los dolores en noches
con cara de infierno.
En el fondo de la ciudad un Dios
articula su coreografía de rifles,
mientras un desfile de burócratas mastica
las páginas del silencio.

Joel Rivera

Crisálida

En cada poro de tu piel de niña
hay un grito de mujer encadenado
esperando que tus labios se hagan sombra
 para robarle un beso a tu inocencia.

Eres crisálida encerrada en la cárcel de la infancia
tienes labios; mas no besos,
tienes boca; mas no lengua para decir te quiero,
tienes piel; mas no sientes las manos envilecidas que te tocan.

Sentado sobre el velo de tu cuerpo frágil
esperan tu adultez de mariposa
para saciar su carne con tu carne
 y alimentar su hambre con tus pechos.

Una día el dolor brotará de entre tu vientre y serás Eva,
sin costilla,
sin serpiente,
sin Edén,
sin manzanas.
sin pecado.

Cuando quince primaveras amanezcan en todos los jardines
y tú seas los pétalos de todas las rosas
el sexo florecerá de entre tus piernas,
entonces, descubrirás que eres mujer
cuando tu cara de niña se esfume del espejo.

Judith Alayón

Piel sudorosa de la tarde

Ahora
habla tu dolor
no solo de la voz
húmeda y desgarbada
con que te cubres
fatigando la soledad
y el miedo de los otros

Disuelve tus manos
por la piel sudorosa de la tarde
Ella aún es solo
una mirada ante los ojos de los hombres
Dile como debe morir

Ramón Matos

Muñequita dorada

Ven a contar las olas, muñequita dorada,
trae los rayos de sol
que nacen en tu cabeza
y con la espuma te haré trenzas.
Entra al mar desnuda
entrégale tus tristezas
y en su suave vaivén de amores,
las enviará adonde la tarde se acuesta.
Alborota las aguas,
falda de azules ondas
sobre el oro de tu piel lozana
baila con ellas.
Muñequita dorada
quiero ver las perlas entre tus labios
deslumbrar las aves en sus vuelos
como enceguecen mis ojos tus destellos.

El lobo si existía

Cada vez que escuchaba el cuento de caperucita
Mamá me decía que todo era mentira
que el lobo no existía,
Yo le creí.

Siempre jugaba a ser caperucita.
Danzaba con mi capa roja
por el patio trasero del rancho,
me columpiaba en las gomas
que colgaban de la mata de mango
la misma en la que fue asesinada mi primavera.

Para mamá, tía María y la abuela Ernesto
fue un día cualquiera.
Continuaron desgranando gandules, rayando yuca
y lavando en el arroyo.

El feroz lobo me robó todo.
No sabía cuánto dolía ser caperucita.
Ya la entendí.

Esperaba correr con la suerte de encontrar un leñador
capaz de asesinar aquel lobo
pero nunca nadie apareció.

El lobo siguió allí,
tomando café
dándome la bendición.

Sumisión

La tiniebla entrega su secreto
música escrita en el agua
piedra y arena borran la melodía

Estrías de luz pájaro lágrima
alejan del borde

Desencanto

Más allá del muro
voces mudas
gritan dolor inocente

Reverencia en la mezquita
susurra el pedido
Qué dios recluta para morir
entra en la espiral sin prisa
              sin temor

Estallido
Ecos de explosión

Solo juguetes muertos
 Los niños también.

Carolina Bugnone

Cuconoexiste

La nena camina sola
hasta el kiosco,
en la siesta el cuco
acecha

hay música en la casa
en los padres
en la lluvia
la nena mira por el ventanal

pero ahora a formar al patio
ahora a entrar al salón
ahora a copiar

las órdenes se tiran se caen se amontonan
y la nena piensa en el cuco
todas las noches
sueña que se pierde en las calles
de otra ciudad
que no tiene ojos
que hay que nadar

la nena escribe un cuento
de un nene con cuchillo,
la noche tiene cuco
y libros

pero ahora a mirar la tele
ahora a apagarla
ahora a hacer las tareas

el padre canta
brazo de la luna que bajo el sol
la madre grita con él
en pedazos desiguales
mientras los cuerpos se tiran se caen se amontonan
en el agua

la nena mira llover / canta, ahí
como si una música en la lluvia
un grito en la música
un cuerpo en el grito

pero ahora a comer
ahora a cantar
ahora a quedarse quieta

cuconoexiste
dice la madre, y corre
cuando la nena la llama
muerta de miedo
y no vale llorar

pero ahora a lavarse los dientes
ahora a acostarse
ahora a dormir
ahora a decir todo

el cuco da la orden
y los cuerpos se tiran se caen se amontonan
en el agua.

Tendal

Colgar la ropa
airearla en este mediodía
mientras lloro sin lágrimas
agua en las entrañas
la garganta clausurada
entonces agito los brazos
　　　　abrazo vacío
y las manos titubean
en hemisferios abstractos
Una sábana con florcitas amarillas
　　　　vuela a otro verano
la cara oculta
entre los pliegues
del vestido a lunares
el de los domingos.

Un broche cae en cámara lenta
sujeta mi pie
y otra noche concluye
　　　　la pisada muda.
alma inmóvil
la nada.

Todo pasa todo pasa
como el sana, sana
de niña llorona
sino sana hoy sanará mañana.

Mañana
¿Quién descolgará mi ropa?

Laura Olalla Olwid

Niñas en la pobreza... ¡llamadas de libertad!

Se despeina la noche con su azote de viento.
Mi hacienda son temores que ejercen la vigilia.
A la altura del verso, un gigante de arena
va sepultando nombres.
Vivo en ti cuando lloras, profanada violeta
que succiona el cieno más sombrío del mundo.
(No las toquéis, halladlas. No las manchéis, llovedlas.
De hinojo son sus rizos,
visionados al fuego del hogar.
Sus labios
se alojan en mi infancia).
¿Qué es la vida, mamá?
Tengo anhelo en la palma de las manos;
una lumbre encendida renace en cada poro
que aguarda el cielo de la libertad;
me baño en el inmenso espectro
de su añoranza;
cuando vuelva a buscaros,
su cascada presente será la
abundancia de mis eternas horas.
Planchando tu pijama –siempre niño–
me saluda el abrazo.
Aunque es de noche todavía
el vapor de la plancha va trazando tus rasgos...
Ven, paloma,
mis manos abrirán la libertad
de nuestros sueños.
Que no se rompa nada sino el dolor cerrado.

Leonor Merino García

1 grito / 3 gritos

Noticia: una niña ha nacido
–de la sequía–.
No aumentará la riqueza
Ni vencerá al enemigo
Ni vengará una afrenta
Tres son sus salidas:
del vientre de su madre
a la casa del marido
camino de su tumba.
Enclaustrada,
convertida en sombra
–pájaro de alas cortadas
mutismo y mirada recatada:
Poseída
Diabólica
Velada
Albórbolas: un niño ha nacido
–¡fin de la sequía!–

Pero ahora, ella lee –**iqra** / أرقا –:
las palabras alumbradas
corta las amarras
de la mano del padre
camino de la escuela.

Luz Cassino

Colibríes sin alas

Caminan descalzas por la piedra
la piedra, croquis inerte, se abre bajo sus pies
los pies se separan de sus diminutos cuerpos
los cuerpos amanecen colibríes
los colibríes también mariposas que cruzan los montes
los montes las devuelven a casa
la casa refugio
refugio de mantas crochet, refugio hambriento de mentira
la mentira las persigue como el humo y la metralla
la metralla se hunde y escarba en los recuerdos
recuerdos de escuela
escuela que voló por los aires
aires que arrebataron a mamá y su mano
mano desconocida que ahora las aprieta
aprieta y arranca esa mano carcelero que las toca
y las toca y las vende a otras manos
manos que las tocan y las ensucian y las tocan...

Silencio

El silencio se asoma
pinta todo de ocres y de azules
de verdes y naranjas
así, deshilachados,
como en un calidoscopio.

Las hermanas tomadas de la mano
van camino a la escuela...

Hay entre ellas un pacto de silencio.
Caminan como atadas con una soga de penas.
Tragan saliva, aprietan el dolor.
El barrio es chato,

como es chato el legado de niñas abusadas
que sienten tejido en su piel.
Quieren ser como las otras niñas,
las que en su casa juegan con muñecas,
ríen, se disfrazan...

Quieren olvidar su procedencia
esa mugre adherida a sus sentidos.

Temen no poder escapar, ser perseguidas.
Hay entre ellas un pacto de silencio.

#Terminemos_el_matrimonio_infantil_ahora
(Traducción Jael Uribe)

Un grito siempre introduce el nuevo día.
Tan penetrante como el silencio de la noche oscura
Tan despertador como el llanto de un nene sin madre
anhelando la succión de medianoche.

Es el grito de una novia afligida
Una tan débil como una planta en el semillero
Tan indefensa como una pollita recién nacida
Tan inocente como bebé,
tan perdida como una madre inexperta.

Su supuesto novio, tan viejo pareciera su padre
con un vientre aventado de embarazos
su piel tan arrugada de hojas secas
su aliento apestando a botellas vacías
su olor pestilente y pegajoso apesta al jugo de una fruta fermentada.

Él salta y rebota sobre ella
como un depredador con su presa
su conciencia tan muerta se clava en la puerta
no piensa en nada más que su egoísmo
en alimentar con gruñidos una libido hambrienta
que no se sacia nunca
con un amor aclamado tan parecido al odio.

Sólo le queda abrazarse a su destino
sin fuerzas, luchar
sin confianza ni resistencia
que su familia no lo sepa
sufre la humillación y calla.

Su voz se pierde en el ruido de la tradición
Llora para vaciar su miedo
para reforzar su destino
se prepara para otro amanecer nuevo
aparentemente sin esperanza
la acompaña otro nuevo día de ser niña y una esposa indefensa.

Afia Amoaa Oppong-Kwakye (Nativegirl)

Niña, no esposa

Bajo la mirada plateada de la luna
las niñas nos sentábamos en el cielo azul estrellado
escuchábamos cuentos
para refrescarnos el alma.
Nos reíamos y galopábamos
burlándonos de nuestra ignorancia
del otro lado del mundo.

Fue en la desnudez de la brisa que aprendí a
sonreír con mi alma lejos
y me gustó mucho;
la paz perfecta.

Luego llegó la noche y vino el anciano de cincuenta y nueve años,
un hombre ajado Alhaji (Fuseni)
con su sonrisa imperfecta
ondeando sus dientes manchados de cola de nuez
con un barril de vino de palma y
arreando una vaca triste con su mano.

Al verlo, cada alegría conocida se volvió cenizas
en mis labios.
El mismo suelo que sostuvo mis piernas me entregó
mi vientre cálido se volvió de hielo.
Los brazos fuertes me protegían me dijeron adiós.

Esa noche me desecharon como basura abandonada, rechazada.
Él ondeaba oscuridad en su sonrisa
Forzó mi inocencia fuera de mi ser.

Yo sólo tuve lágrimas para cenar
esa noche,
Esa devastadora, desalmada, y destrozarte noche,
la mancha no pudo ser purificada en mí.

Batallé con sus demonios
con la semilla que por arte de magia plantó
en mi pequeño y fértil jardín.
Me senté a ver con impotencia la partida de
mi inocencia
En el resplandor del sol
el tiempo que pasé con mis amigas
se deshojó frente a mí.

¡Soy una niña, no una esposa!
Usted se robó mi alegría
me mató lo feliz
estranguló mi futuro ante mis ojos
¡Soy tan sólo una niña, no una esposa!

Usted sacó el alma de mi cuerpo, torturó mi espíritu y
me llamó bruja
cuando la semilla que sembró en mí se marchitó y murió.

Usted se robó la alegría de mí
mató lo feliz.
estranguló mi futuro ante mis ojos.

¡Soy tan sólo una niña, no su esposa!

En el ocaso de la muerte

Declina el sol
en el ocaso sanguinario de la muerte
y la montaña mira detrás de la frontera
nubarrones de humo y de silencio
mientras crece la Hidra y su veneno.

A donde vaya Sara o Elena
la Hidra puede arrancar
su candorosa risa y convertirse
en doloroso sueño.

En tiempos sombríos
los dioses duermen
mientras el malhechor
se pone la capucha y afila su cuchillo

¿Qué cuerpo en plena primavera
dejará de ser lirio o azucena?
¿Bajo qué lápida quedará
sepultada su fragancia?

En vano crecen hierbas bondadosas
pero ninguna hierba
puede curar tantas heridas,
vivimos en el dolor del medio día
apaciguando el tiempo en las rodillas
esperando que vuelva María, Sara, Elena... ;
esperando que decline el día

vuelva su risa
su caminar tranquilo
pero los días pasan
y llega el terror con los rumores.

La tortura empieza haciendo espasmos en el alma
entre rasgaduras de vestidos
y la señal de que era ella
por las zapatillas rojas
y el mechón rubio de pelo.

Sulma Jiménez

I

Diviso en la primera esquina un espectacular
resquebrajado que me sirve de refugio.
No sé dejar de escuchar, pienso.
Desaparece el asfalto y se convierte todo
en un cauce sonoro;
percibo el lenguaje de los perros,
y el crujir de las láminas que piso;
cómo retiembla todo bruscamente en mi sien,
el aire trae un postergado y fúnebre silencio.
Levanto el vuelo.

II

No sé cuándo el cristal rompió tu mirada
oscureciendo tus ojos, destruyendo tu casa,
me di cuenta cuando enterraste a tu Dios,
y pusiste en entredicho tu fe y su existencia:
éramos dos niñas llorando al padre.
¡Yo estaba allí! Todo era silencio e incierto.
¿Por qué te quedas callada?, ¿Por qué no dices nada?
Íbamos de cabeza a no sé qué senda
arrastradas por un camino de hormigas,
tal vez a un exterminio de flores,
¡vayamos a correr a casa de la abuela!
Nuestros ojos disipaban en ninguna parte,
no sabía si estabas viva o muerta,
me conformaba con ver tu sombra al lado mío,
quizá para no sentirme sola
hasta que aprendimos a cargar con un féretro dentro de uno más
grande.

III

Detesto la mirada frustrada,
la opacidad del ojo,
ver porqué se pierde el musgo entre la lluvia
y cómo inicia la guerra en uno mismo.
Pienso en todo eso,
¿De qué forma llegar sin extraviarse,
sin dejar la esencia en el camino,
sin destruir al otro?

Todo da vuelta,
regreso al punto de no tener respuesta
a esta ausencia compartida, visceral,
que nos hace ir en busca de lo desconocido,
siempre yendo a no sé dónde.

Tierra

Äjn naka kujpyäre y ajpyäre
te' wo'kyajpapä myapasyäjyajpa suksuramnte
tantanis kyomäyajpa wyit yo'm'unese
matzase mäjtzäyajpa

En mi piel de corteza y hojas,
los capullos se sueñan colibríes,
y las mariposas niñas con alas
juegan a ser estrellas.

Ja'tzyuku najs kenera'mpä
¿Mij ntäjkomo ja'irä kyijpkuy?

Hormiga color de tierra
¿Verdad que en tu casa
no cabe la guerra?

Tzinupä su'kuy te' suksusnye',
najs konu'kskuy nyä'yäyajpa,
najs pajkjin tzyä'kyaju,
jäyä'sepä tzamejin ijtpa tzajpomo.

Besos de miel colibrí,
la tierra te nombra,
en huesos de arcilla,
corolas de versos en alto cielo.

Desconocida

Llueve
Y su rostro recibe el llanto del cielo.

Sus ojos miran fijamente hacia el sur
Buscando una señal
Un regreso.

Semidesnuda
Permanece inerte en aquel lodazal.

Su cuerpo
Cubierto con señales de violencia
Muestran unas piernas blancas
De gélida belleza;
Sus manos delgadas como alas de mariposa
Del color de las violetas.

En aquella soledad
Solo se escucha el murmullo del día en el día
Y el de la noche en la noche.

¿Cómo se llama?
No tiene nombre,

Se pierde entre todas las historias de desaparecidas.

Silvia Diana Brengio

El costo de vivir

Por la blanda azotea de mi barrio
cruza un niño de apenas 8 años,
grandes sus ojos de color azufre,
amarillos en medio de la noche.
En la mano derecha lleva un arma,
oscura, densa, respirando hierro,
negra su boca, dedos al gatillo,
juguetes que se vuelcan en el piso...

Apenas 8 años y un vacío
tan lleno de dolor que causa pena
y un miedo rebuznando en sus costillas,
abierta boca que golpea mis ojos...

Y siento todo lo que nunca ha sido.

Pienso que a veces es tal alto el costo
de un cariño y un gesto jamás dado,
una escuela sin tiempo para el hambre,
una calle desnuda de miseria,
que se me llena el vientre de tristeza
y caigo al suelo sin un solo tiro.

Lourdes Cacho Escudero

Sin Raíces

No concibo el silencio
que pone rejas a un cuerpo desnudo
que ata las caricias a la espalda
que abre las piernas a golpes.

Ni la mirada sucia
que convoca a la muerte de unos ojos
y cierra el paso a la luz.

No concibo unas manos
que amasan la tortura
ni al sexo que modela una esclava
ni la boca que somete a los besos
a la fría ignorancia
de una obediencia marchita.

No entiendo la soberbia que deshoja
todas las primaveras de una niña
para darle un invierno sin raíces.

María José Marrodán

Niñas de ébano y marfil

Todo el sol del universo en sus ojos.
Un estallido de luz su sonrisa.
Su inocencia manantial de porvenir.

Niña de cobre, de ébano, caoba,
Niña de agua y de violetas, igual
que la niña de loto, jazmín, clavel;
que la de narciso, lis, tulipán;
en todo similar a la de ceibo,
orquídea, flamboyan.

Y pese a ser todas flor y ópalo del día
en nada se parecen sus futuros,
sus nombres, adjetivos, su destino.
El afán de sus hombros, el mana
que han de comer, el vestido, las letras,
las llagas, ese ala que es la libertad.

Y todo sol, el universo de sus ojos.
Y todo luz, sus sonrisas.
Y todo expectación, su inocencia.

Y tú y tú y tú, amotínate.
Seamos su eco, icemos la voz,
desbaratemos la serpiente del miedo,
abolamos los números irracionales
los verbos condicionales e imperativos
de sus horas de esperanza.

Que nuestras manos laboren la espiga
de la dignidad, la mies de la igualdad.

Tú, y tú y tú, alcémonos
por todas las niñas que son presente
de indicativo; arquitectura del aire;
futuro perfecto; albedrio en el agua.

Tú, y tú y tú, alcémonos, por ellas:
Niñas de cobre, de ébano, caoba,
Niñas de anastasias y violetas,
niñas de lilium, narciso, clavel,
de loto, jazmín,flor de mayo,
de lis, tulipán, orquídea,
Niñas de ceibo y   flamboyan.

Y Tú, y tú y yo, por ellas.

Isabel Blanco Ollero

Mi nombre es Salwah

Es posible que se acerque el mediodía
y que yo ni siquiera contemple la tarde.
Me acunan todas las madres antiguas,
me aguardan las absoluciones del tiempo.

Mi nombre es Salwah.

Como en un carnaval en el centro de un bosque
nos ordenan por números disfrazados
y máscaras entrecortadas, ávidas de cielo,
de una sancionada verdad en las cumbres internacionales.
Pero todo es mentira, cloro de ciudad
donde la noche es metralla que desviste
infancias y el cuerpo más níveo de la esperanza.
Pero, dime, dónde la luz y el milagro de las madreselvas,
me puedes decir dónde la parábola
que sostenía tu boca y tu pluma firmando acuerdos
y tareas salvadoras. Dónde acampáis, en qué susurro, en qué garganta
ocultáis el manifiesto de vuestros dioses parlantes.

Y te digo, mi nombre es Salwah.

Yo sigo cerca del polvo, a la sombra de los mares
que no reconocen a sus ancestros. Mares de engañosas ubres
para con niños leves. Niños pájaros, niñas niebla,
niños agua.

Y yo habito junto a las vías de un tren derrotado,
junto a la herencia sin alma de la vacuidad. La misma
que florece de vergüenza en las reglas

de todas vuestras naciones.
Mi nombre es Salwah. De esto hace ya tres años
y el color que nos incendia a los desplazados
ya no anhela más patria que aquella
que amorrada el enemigo.

Dónde la parábola que sostenía tu boca y tu pluma.

(Poema ganador en la 93 edición del Certamen PALABRAS PRESTADAS organizado por la editorial Cuadernos del Vigía-Marzo 2016).

Cristina Boyacá

Colgaré mis niñas de trapo
en el limonero del patio
las ollitas de barro y el labial mágico
en un baúl junto a mi cuarto.

Volveré a jugar cuando los huesos de mi mano
se junten de nuevo
ahora estoy partida dice mi madre

Y Graciela la sobandera
me sobra las caderas hasta que pueda volver a caminar
y a correr
ahora estoy rota dice

Pero yo quiero ya poder dormir
y volver a la escuela
sin orinarme cuando paso al lado del cuartel.

Sin miedo

ACÉRCATE.
Te reconozco.
Ojos negros que sonríen sin vergüenza,
piernas sangrientas por la cobardía de alguien.
Sé quién eres.
Te he visto correr
en una calle que olea de orina y llanto,
te he visto bailar
bajo el peso de una lluvia ligera.
Sé quién eres.
Te llamas Libertad, hija mía.
Acércate.
dame tu mano y olvida el pasado.
Somos dos mujeres sin miedo
en este otro lado del mundo.

Laura Llera Arnanz

La niña sabe

CUANDO al final de tantos túneles
solo estabas tú
y querías mirar por las mirillas
encontrar ventanas hacia el mar
y solo había espejos
fundidos en gris
boca abierta
mucha gente que era nadie
nadie, que era aún más
grande te chocabas desde dentro
moscón ante el cristal
no veías nada y después
de tus cenizas salieron alas
abriste los ojos como un libro
y lo viste todo
claro

Restaveks

Restaveks, restaveks...Las niñas tienen miedo
al fuego en la cocina, a los cuchillos que bailan
la danza de los esclavos.
Duermen   y comen junto al perro
en el suelo que se clava en su espalda de nubes,
y sus lágrimas se oyen igual que los ladridos.
Restaveks, restaveks...
Acarrean el agua, trapean todo el suelo,
limpian las letrinas. Agachan la cabeza,
dicen "sí mesié" y "oui madan".
Niños que son domesticados
apenas han cumplido siete años.
Cada noche reciben la visita, que se mete
 en su cama. Una niña con miedo afila los cuchillos.
Una niña con miedo no juega a las casitas.

Francisco Onieva

Palimpsesto

Una niña coloca las manos en la nieve.
La nieve lava el mundo
y escribirla es origen como ausencia.
Las huellas se endurecen con el frío.
Son parte de la nieve; son parte de la niña,
que aguanta la caída vertical
de pequeños hexágonos
irregulares.
Me mira y me sonríe.
Agacha la cabeza y se quita los guantes.
Extendidas las palmas, aprieta con más fuerza,
buscando la profunda exactitud
de lo que no se borra.
Disfruta de lo efímero.
Vivir es compartir un zeugma
y no emplear palabras connotadas.
Ella es el punto de regreso
a un universo anterior al lenguaje.

(Vértices, Visor, Madrid, 2016)

Manuel Molina

Puedo escribir los versos más tristes esta noche (y no por desamor)

I

¿DÓNDE están las calles para jugar?
No me acostumbro a morir cada cierto instante
bajo el peso del universo y su revés
aunque lo peor es morir la primera vez,
la que más hiere, dolor para siempre.
Me arropo con la suciedad del asco,
con la rabia contenida en mis orillas
que se inundan de sudor y babas.
Sabes, me he acostumbrado a morir unos minutos,
a quemar las flores cuando nacen imprevistas,
a buscar como Venus el agua y su oxígeno.
Me convenzo: yo no soy yo, yo soy otra
en el mismo tiempo y en el mismo espacio
con mi dolor reconocido cada segundo de muerte.
Es peor que morir para siempre.
La culpa, el pecado o el destino los ignoro
como ellos a mí (y también a ti en estos asuntos)
yo solo conozco demonios barrigudos y viejos,
dioses olvidadizos de gente como yo.
Sí, la culpa, el pecado, o el destino los ignoro
salvo que sean animales enormes y hediondos,
todo lo contrario de la paz cuando muere el dolor.

II

Nadie me llama por mi nombre,
Nadie me llama puta tampoco.
Chica, pequeña flor, campanilla,
carrito de helado, fresa salvaje,
amorcito y juguete malito.
Soy una máquina, insert coin.
Se repiten
las momias borrachas,
jadeantes osos cavernarios,
buitres de enormes alas,
muertos después de muertos.
Y lo peor: la apariencia de normalidad,
Los trajes, los que huelen muy bien
tan repeinados y amables, al principio.
Todos sobre mí.
Nadie me llama por mi nombre,
Nadie me llama puta tampoco.
Mientras las hormigas muerden mi cintura,
Mientras mi boca recibe las ortigas,
Mientras mis manos recogen peces muertos.
Nadie me llama puta porque sabe mi nombre, otro nombre.
Nadie me llama por mi nombre porque sabe que soy puta.
No sé matarme,
hendir una afilada cuchilla y esperar.
Sé cómo matarme, pero no sé matarme.
También he imaginado, lo reconozco, matarte.

III

Temo al ruido lo mismo que al silencio
del rebaño que pastorea cada noche
Llega el lobo

Chist, chist, eh, tú...debo sonreír y acariciar.
Chist, chist, eh, tú... ¿has hablado con mi perro?
Chist, chist, eh, tú... Yo no toco el dinero lo recoge el pastor.
Nadie me llama puta.
Aprendí muy pronto a ser dos seres,
Y ya es tarde para ser yo, incluso para morir
porque se me ha olvidado el cielo azul.
Y tú ¿me recordarás?

Carmina Masoliver

Barras para monos

(Traducción del Inglés por Jael Uribe)

ME COLUMPIO en barras para monos
y descuelgo los marcos coloridos para escalar,
donde las piernas desnudas
soportan no más de una raspadura en las rodillas.

Tratan de vestirme con un traje de falda
en ajustadas medias negras satinadas,
me dicen que guarde los tacones en el bolso
y que use tenis para el trayecto,

pero aprieto mis pies hacia abajo
me coloco en vertical
enganchando mi pierna alrededor del palo
y me descuelgo.

Mi cuerpo convertido en un reloj de arena,
la sangre elevándose a mi cabeza.
Dejarme llevar mientras me sostengo
es tan fácil como respirar.

Mis piernas podrían estar desnudas, podrían estar heridas,
Pero son fuertes, unas con el metal,
así que no esperes que caiga,
como pétalo, removido.

Puede que sea adulta ahora,
Pero me sigo moviendo de arriba para abajo
y me mantengo firme.

Yolanda Martínez Aranda

Víctima y verdugo

La vergüenza asegura el silencio
de la inocencia
y proclama la libertad del verdugo.
La mano de quien confía es sucia
y le susurra que nadie la querrá
mientras el sordo sonido del murmullo
rasga su infancia.
Bajo la crueldad de las sábanas
vuelve a ser la niña de labios enjaulados,
de párpados violáceos
y espinas en las manos.

Lágrimas de pobres

El hombre muere en todos aquellos que mantienen silencio ante la tiranía. (Wole Soyinka)

La sonrisa ahogada en sus ojos
un embarazo de metal frío
y oscuro.
El miedo al precipicio en sus talones.
Lágrimas de pobres en tarros
de perfumes de lujo.
-Nada tiene sentido-
Ellas, dueñas de sus vidas
sin voz,
ellas, niñas de la luz
en la oscuridad más desesperada.
Ellas, niñas del olvido con vergüenzas
escondidas y precios de hojalata.
Hoy os canto con un poema
de esperanza y dignidad
desde estas palabras que sangran
vuestras desdichas.

Irel Faustina Bermejo

1- El agua se desliza
por las rocas con murmullos
que encierran secretos.
Por el surco descienden
escalofríos, elevando
el son de una flauta que esconde
gritos inocentes.
La piedra pulida por la corriente
rueda con un triste lamento;
la sonrisa arrancada
a las jacarandas que se inclinan
con sus brazos hacia las lágrimas
que nunca se vertieron
porque nada se supo de tu muerte.

2.- Hoy te has ido. Pregunté
a nuestra madre y dijo
que te habías desposado
con un mercader rico.
Te he estado esperando todo el día
pero madre dice que no espere,
que ya no jugaremos juntas,
que ésta ya no es tu casa.
Te has llevado tus escasas
pertenencias. Madre me dice
que dejaste para mí tu muñeca
porque ya no te hará más falta.

He acostado a tu muñeca en mi cama
y me he abrazado a ella
para no sentir temor
cuando las ramas de palmeras
se transfiguren en atroces figuras.
Ya no me arrullarán tus nanas.
Madre dice que pronto
 también yo me desposaré
con otro comerciante
y tendré que dejar la muñeca
a nuestra hermana más pequeña.

3.- Los soldados nos emborrachamos
antes de la batalla
y cazamos a nuestra presa
para eliminar el temor a la muerte.
No tenemos más opción que ser crueles.
Nuestro corazón no puede ablandarse,
seríamos entonces tan vulnerables.
Todo está permitido:
 apoderarme de las niñas
es tan válido como disparar
al enemigo.

4.- No digas a nadie que me fui.
Sabrán de mi ausencia
cuando vean la casa cerrada.
Sentiré abandonarte
entre los escombros,
viéndote sollozar por mi destierro.
 Envejeceré en otra patria
atado a los fantasmas de la tristeza.
 Llevo en mis manos
el aroma de la tierra sagrada.
Mantén borrachos a los hombres

hasta el amanecer
para que no consigan alcanzarme,
para ganar el suficiente tiempo
y cruzar la frontera.
Maneja tus embrujos, usa los brebajes
y conjuros de gitana si es inevitable.
Me llevaré una flor de tus jardines
para saturar con su fragancia
mis manos privadas de sueños
y destinos.
Me voy a una hora intempestiva
dejando sobre tu lecho
la huella del último abrazo
y mi último beso.

5.- Cuántas voces calladas
quisieran salir de los labios
como el manantial
que brota de la tierra.
Cuántas gritos prohibidos
para obviar vergüenza e infamia.
El miedo cierra y cose las bocas.
Aquellos rostros hermosos,
marcados para siempre.
Ya no era la boca la que hablaba
sino el cuerpo lo decía todo.
Los ojos de arco Iris
perdieron los colores
y obediente y sumisa
a una fuerza sin razones,
sola, en algún lugar escondido
de la primavera,
perseguirás mariposas
con la ilusión de volar en las alas
 lejos de este laberinto
que te enclaustra en un reloj de arena.

6.- Estás dentro del laberinto
y tu antorcha
se apagará en cualquier momento.
Las trayectorias se cruzan.
Preguntas de dónde partiste
para retroceder a tu origen,
pero las vías se bifurcan.
Cautiva,
dentro del laberinto,
desconoces el rumbo
que te empuja a los abismos.
Túneles sin luz
donde no existe el tiempo.
Los trazos, en círculos
concéntricos, no conducen
a la salida.
Ninguna puerta conocida.
 Desorientada, recorriendo
 los mismos pasadizos,
subiendo y descendiendo
por grutas parecidas.
Los peligros acechan.
Los pájaros
a veces se confunden con las nubes
y sobrevuelan los estrechos
corredores.
Tú nunca fuiste un pájaro.
El enemigo te abraza
entre hierbas y flores deshojadas
donde nadie puede escuchar
el doliente desgarro de tu grito.

Pasos rotos

En la choza común donde se aprende
lo de fuera y se olvida lo de dentro,
mi infancia se quebró por los sonidos de la guerra.
Dejé de ser niña sin buscarlo.
Los juegos inocentes se quedaron prendidos en el limbo
a la espera de ser algún día recuperados.
Con el fusil en el hombro y con mi pena en el alma,
desfilo a golpe de tambor
que redobla canciones esperpénticas
cuyo mensaje no alcanzo a entender.
Me cuadro a la voz de desgarra y golpea,
doblegada quiebro el cristal de la aurora.
Soy una y no soy nada.
Mi pelo sucio huele a pólvora,
a sangre y a tierra del campo.
La boca me sabe a ceniza, a cieno y a metal.
Estas ropas que me visten,
ocultan mis sentidos, arrancan mis alas,
mientras me convierto en mujer.
Quisiera estar en otro lado,
quisiera ser otra persona,
quisiera saber si en el otro mundo que imagino,
la vida no están grotesca como esta mía.
Cierro muy fuerte los ojos y me pregunto...
¿cuándo los mástiles de hierro se convertirán en flores?
De la palabra soldado, no se ha hecho el femenino,
es mejor no crear palabras nuevas
que supongan desolación y violencia.
Hoy, oculta entre la maleza,

en la quietud de la noche,
me miro en los charcos del camino
y no me reconozco.

El vuelo de la libélula

Ella, la niña.
Vuela,
vuela inocente.
Ella vuela con piruetas de azogue
que ahuyentan los malos presagios.
Sus alas escriben nerviosas
las dimensiones de un mundo
que se adhiere a su cuerpo
en un intento voraz
de negar su próxima identidad,
de mutilar su deseo.
Ella, la niña es esa microhistoria que revolotea.
El latido del corazón que pulsa la vida.
La geografía agitada desde su inicio
y la pregunta de por qué tanto terror.
Ella, vuela.
Vuela la inocencia de una niña
que un día quiso ser una libélula
para poder captar la medida de cuanto le rodea
y decirle al mundo:
¡Basta!.

Pedro Pablo García

Ojos negros

Es el desierto,
siempre el desierto,
como una playa infinita,
como un mar sin agua.
Es la tristeza,
siempre la tristeza,
como una larga noche,
como una ausencia eterna.
Sí, tienes que cerrar los ojos
para verlo todo
dentro de la jaima,
las olas del océano lejano,
las casas de tu pueblo malherido,
los veranos y los inviernos perdidos.
Una sonrisa de henna
dibuja tus labios,
a pesar de las heridas.
Sí, tienes que cerrar los ojos
para no ver la muerte
que anda por las dunas oscuras,
para pintar el cielo de otro color,
que no sea negro,
para ser un pedacito
de papel al viento
que vuele al amanecer.
Sí, tienes que cerrar los ojos
para olvidar tardes y noches
de infinitas pesadillas,
la sed y el hambre de tantos días.

Sí, tienes que cerrar los ojos
para no escuchar
las estelas de luz blanca
que han matado a tantos.
Sí, tienes que cerrar los ojos
para derribar el odio
de esos muros
que no te dejan ver tu mar.
Te sientes un grano de arena
en tu desierto infinito,
pero cuando la historia
se convierta en palabras
hablará de ti,
de una lucha lejana,
de unos sueños clavados en la tierra.
Hoy quiero, desde este
maldito silencio cobarde,
desde esta obscena mesa repleta
desde esta indecente casa gigante,
quiero cantarte un beso,
un beso que no huya,
que se quede contigo
cuando tus sueños echen a andar
y puedas abrir
tus infinitos ojos negros
para siempre.

Cuando todos se quedan dormidos
Dibujo: Lucio Minore

Cuando todos se quedan dormidos, yo escucho una voz.

La busqué por todos lados, pero no logro descubrir de dónde viene. La busqué en la cocina, en el comedor, debajo de la mesa, en los cajones para las frutas de la heladera. Hasta dentro del mismísimo inodoro la rastreé. Pero nada. Nunca pude saber de dónde sale.

Todas las noches investigo. Me llama la atención lo que me dice. Parece la voz de un hombre. No. No es la pareja de mi mamá. Ese duerme con ella. Su le escucha su roncar. Yo los vi. Los vi acostados duros, uno al lado del otro. A él se le infla y desinfla el pecho, y le sale la baba por la boca y ese ruido como de vómito. Da asco. Paso siempre despacito al lado de su pieza para que no se den cuenta.

La otra noche siguiendo su rastro, salí a la calle. Me pareció escucharla ahí, pero me confundí. Miré para todos lados. Solo vi las luces de los faroles, la niebla y alguna persona caminando lejos. Entonces me dio frío y entré.

Cuando cerré la puerta, Kiro se despertó y me empezó a ladrar y mover la cola. Me metí rápido en la cama, para que nadie se diera cuenta. Si se llegaba a enterar mamá me mataba. Peor si el que se despertaba era él. Nunca me quiso. A mis hermanos también les pega, pero menos que a mí. Porque son sus hijos, supongo. Los trata mejor. A mí siempre me trató mal. Mamá me dice que es porque soy desobediente. Porque me porto mal. Porque no hago caso.

La voz me sigue llamando. Habla toda la noche y no me deja dormir miro el techo, los rayos de luna que entran por la ventana. En la oscuridad, sobre la pared forman imágenes lindas. Nubes moviéndose, perros corriendo, conejos, caballos, sirenas. Me meto debajo de las sábanas. Pero no me viene el sueño.

A veces se me ocurre pensar como era mi papá. Nunca lo vi. Lo único que me dijo mi mamá es que se murió cuando yo estaba en la panza. Un accidente de coches, o camiones, no sé. Me hubiese gustado conocerlo. ¿Él también me hubiese pegado? ¿Me hubiera querido? ¿Hubiera sido bueno conmigo?

Trato de dormir pero no puedo. No, no es miedo. Yo no tengo miedo. Solo me da curiosidad. Cuando todos se quedan dormidos, yo escucho una voz que me dice:

—Vení conmigo, vení conmigo.
Pero ¿a dónde?
Ya no sé donde más salirla a buscar.

Laura Elena Carnovale

La niña
A mi madre

La helada te deshace los huesos.
Tus manos chiquitas aprietan la ubre
y se siente tan tibia la leche entre los dedos.

Querés fundirte con el sol de la mañana.
Querés remontarte sobre el cardenal como un panadero
y saltar los corrales.
y girar con los cardos.
y jugar a la mancha con las tijeretas.

Las niñas del campo
no visten con flores
-te dicen-
a vos no te importa,
las llevás en el pelo y en los ojos.
Y los colores del alba
se te pegan a los trapos.
Y brillás.
Igual brillás.

Olga Liliana Reinoso

Culpas

Y dónde estábamos nosotras
en qué ceguera, en qué escozor, en qué suburbio.
Y dónde estábamos que no pudimos ver
cuando el ladrón robó la gema.
Dónde, este corazón de pájaro demente,
dejó que le mataran los pichones.
Dónde el temblor, el frío, la intemperie
despedazaron la ternura de la aurora.
Dónde el deseo de las alhucemas:
se evaporó en el túnel de los miedos.
No hay perdón para nadie
en la agorera multitud de la noche.
Solo un desgarro secreto
en la certeza del alma.

La bolsita rosa

María cruzó la línea
con su bolsita rosa al hombro
      llevaba en ella:

          el recuerdo del naranjo junto al río
          el columpio de llanta que dibujaba en el cielo
          la luz sonriente del atardecer
          el grito de la abuela: "la cena está lista"
          la cazuela humeante de frijoles
          el barullo de los padres jugando a ser adultos
          las historias del abuelo sobre la Revolución.

María cruzó la línea armada con su bolsita rosa, ¡y qué bueno!,
porque al otro lado, los niños en el recreo
comían su sándwich de peanut butter y jugaban en una lengua que no
entendía.

Pero en ese momento,
María abría su bolsita rosa,

          y sacaba de ella
          el recuerdo del naranjo junto al río
          el columpio de llanta que dibujaba en el cielo
          la luz sonriente del atardecer
          el grito de la abuela: "la cena está lista"
          la cazuela humeante de frijoles
          el barullo de los padres jugando a ser adultos
          las historias del abuelo sobre la Revolución.

¡Qué bueno que María llegó a América
con su bolsita rosa bien llena del aire de su pueblo!

¡La iba necesitar!

Itzel Yarger Zagal

Chica morena

Como una niña morena
Sin invitación en el feliz norte
yo vuelo, navego, corro, salto y floto
yo canto
vengo a ofrecer mi corazón [1]

Como una niña morena
bailo fuerte la danza Azteca, la Inca
y la afro
yo canto
ceremonial lucha inconformista.

Como una niña morena
en mi piel de 500 años de resistencia
alto honor a las Abuelitas
yo canto
a las existencias nunca colonizadas.

Como una niña morena
presencia y desaparición a la vez
un segundo: vergüenza y orgullo
yo canto
tambores de agua en el sonido de los ríos.

Como una niña morena
el mundo quiere devorar mis piernas
de las tres raíces donde me paro
yo canto
¡Latinoamérica, indígena y africana!

Como una niña morena

corriendo por la calle
dulce hogar, dulce puerta trasera
yo canto
excursión a toda América unida.

Como una niña morena,
trenzas de cabello oscuro y largo
nuevo y viejo indio del sur
yo canto,
dentro de los ojos de belleza de canela.

Como una niña morena
déjame estar entretejida en nuestra bandera
mírame, como yo soy, aquí no allá,
yo canto
humana, humana, niña, una niña.

Como una niña morena
las estrellas, el cielo, el mundo
para mi, para todos, para nosotras
yo canto,
vengo a ofrecer mi corazón.

[1] *(Esta es una referencia a la canción ""Yo vengo a ofrecer mi corazón" del argentino Fito Páez).*

Ella sabe

Despertar por los gritos débiles pero fuertes
Ella sabe que ha vuelto. Ella sabe.
Ángel es su nombre-- un ángel perdido en sueños
Ella sólo tiene seis años, pero ella sabe.

Se esconde debajo de la cama y
ora a Dios por el fin.
Ella no sabe lo que es una pesadilla
pero sabe lo que vendrá después.

Su madre está en el suelo - inconsciente del golpe
Ángel ve lágrimas rodar por sus mejillas
--y un grito silencioso "¡DETENTE!"

Ángel está perdida en un mundo desconocido,
Nadie sabe que existe,
Ella respira silencio,
Ella oye palpitar la puerta, su corazón se detiene
- no hay nada todavía más hay más.

Ella es solamente seis, y su nombre es Ángel
y nunca ha ido a la escuela.
Escucha cuentos de hadas de su madre
mientras sostiene su libro favorito

Ella sabe lo que es el mal, no ha visto mucho bien.
Ella ama a su madre Rose, ella dio su vida, lo sabe...

Ella no entiende lo que ha hecho mal, su piel ha sufrido y se nota.

El olor distintivo barre por debajo de su puerta,
ella sabe que ahora está cerca.

La puerta se abre, ella tiembla -
Sus ojos están cerca, su boca está cerrada.
Ella siente la sombra de ese hombre al que una vez llamó papá.

Cautiva

Yo nací con una sonrisa
que se ha perdido
y no sé llorar
Tengo sed de aire
Mi habitación derrumba muñecas
y la jaula está rota
Huir del polvo de los truenos de la noche
Buscar la nada en ningún lugar
Solo soy despojo
entre manos ásperas
y miradas que golpean
Dónde se esconden
los juegos vírgenes
Tengo una voz de tinta carmesí
que quiere arrancar palabras
Dame un lugar donde escribir mi grito.

Grito de Mujer 2017: Un grito por las niñas

La Fundación Mujeres Poetas Internacional (MPI) Inc. en asociación con la marca Grito de Mujer® llevó a cabo en alrededor de 30 países su 7ma. Entrega del Festival Internacional de Poesía y Arte Grito de Mujer 2017 bajo el lema: Un Grito de Libertad, en homenaje a todas las niñas del mundo, del 1ro al 31 de marzo 2017, con la participación de poetas, artistas e instituciones internacionales solidarias.

Grito de Mujer 2017 llevó como cada año, su cadena mundial con más de 200 actividades culturales diversas, entre ellas conferencias, recitales de música y poesía, presentaciones artísticas, teatro, entre otras. Grito de Mujer se realiza en marzo de cada año con el apoyo altruista y solidario de destacadas organizaciones públicas y privadas, personalidades del sector artístico y grupos literarios en varios países.

Entre los países que participaron en Grito de Mujer: "Un Grito de Libertad" en homenaje a todas las niñas del mundo en marzo 2017 estuvieron: República Dominicana, Puerto Rico, México, USA, Venezuela, Panamá, Costa Rica, España, Canadá, Colombia, Guatemala, Chile, Cuba, Uruguay, Perú, El Salvador, Honduras, Portugal, Francia, Haití, Grecia, Marruecos, Italia, Alemania, Polonia, Suiza, Zambia, Zimbawe, La India, Zambia, Macedonia, Luxemburgo, entre otros.

Grito de Mujer es un festival abierto al público en general e incluye un programa cultural entretenido de arte escénico, música, danza, performance y poesía con conciencia social, este año 2017, con temas alusivos a las niñas contra el embarazo precoz, el maltrato infantil, el trabajo forzado, por los derechos de la niñez, etc.).

Sobre Grito de Mujer

Iniciado el año 2011, este festival poético-artístico constituye una cadena de eventos simultáneos en distintos países durante todo el mes de marzo en homenaje a la mujer y contra la violencia. Grito de Mujer es convocado por el Movimiento Mujeres Poetas Internacional MPI, Inc., desde la República Dominicana, ha servido para sensibilizar a las personas ante la gravedad del flagelo de la violencia, a través de distintas campañas, eventos relacionados y temas de interés. Se han llevado a cabo eventos en alrededor de 60 países, con más de 700 actividades coordinadas por voluntarios. Grito de Mujer así como su creadora, la poeta dominicana Jael Uribe, han ganado premios internacionales por la actividad que realizan en favor de la difusión del mensaje que Grito de Mujer y su causa representan.

Más detalles sobre Grito de Mujer visitando su página
www.gritodemujer.com

Conoce la marca Grito de Mujer en
www.gritodemujer.org

Sobre la artista

Pintora, muralista y diseñadora. Asistió al Centro de Diseño, Arquitectura y Construcción (CEDAC) - una universidad de Honduras que se especializa en el diseño y la innovación creativa y ahi obtuve mi licenciatura en Diseño Gráfico. Ha participado en numerosas exposiciones colectivas en Honduras y el resto de América Central, así como en Los Ángeles.

Su trabajo se caracteriza por ser dramático, místico y mágico con un toque de fantasía. Su arte es una forma estilizada de imaginería donde los personajes y diseños incorporan un toque inusual y sensual con un toque de encanto étnico y cultural - batiendo al espectador en un mundo creativo de color, profundidad y sentimiento.

Más detalles sobre Leticia en:
www.leticiabanegas.com

Primera Edición Antología Muñecas
Editorial Rosado Fuscia
República Dominicana
Julio **2017**

www.ingramcontent.com/pod-product-compliance
Lightning Source LLC
Chambersburg PA
CBHW032018090426

42741CB00006B/649